चित्राधार

LECTOR HOUSE PUBLIC DOMAIN WORKS

चित्राधार

जयशंकर प्रसाद

ISBN: 978-93-90112-26-5

Published: -

LECTOR HOUSE LLP
E-MAIL: lectorpublishing@gmail.com

चित्राधार

जयशंकर प्रसाद

अनुक्रम

पृष्ठ

अयोध्या का उद्धार

(महाराज रामचन्द्र के बाद कुश को कुशावती और लव को श्रावस्ती इत्यादि राज्य मिले तथा अयोध्या उजड़ गई। वाल्मीकि रामायण में किसी ऋषभ नामक राजा द्वारा उसके फिर से बसाए जाने का पता मिलता है; परन्तु महाकवि कालिदास ने अयोध्या का उद्धार कुश द्वारा होना लिखा है। उत्तर काण्ड के विषय में लोगों का अनुमान है कि वह बहुत पीछे बना। हो सकता है कि कालिदास के समय में ऋषभ द्वारा अयोध्या का उद्धार होना न प्रसिद्ध रहा हो। अस्तु, इसमें कालिदास का ही अनुसरण किया गया है।–लेखक)

"नव तमाल कल कुञ्ज सों घने
सरित-तीर अति रम्य हैं बने।
अरध रैनि महँ भीजि भावती
लसत चारु नगरी कुशावती"।।

युग याम व्यतीत यामिनी
बहुतारा किरणालि मालिनी।
निज शान्ति सुराजय थापिके
शशिकी आज बनी जु भामिनी।।

विमल विधुकला की कान्ति फैली भली है
सुललित बहुतारा हीर-हारावली है।
सरवर-जलहूं में चन्द्रमा मन्द डोलै
वर परिमल पूरो पौन कीन्हे कलोलै।।

मन मुदित मराली जै मनोहारिनी है
मदकल निज पीके संग जे चारिनी है।
तहँ कमल-विलासी हँस की पांति डोलै
द्विजकुल तरुशाखा में कबौं मन्द बोलै।

करि-करि मृदु केली वृक्ष की डालियों से
सुनि रहस कथा के गुंज को आलियों से।
लहि मुदित मरन्दै मन्द ही मन्द डोलै
यह विहरण-प्रेमी पौन कीन्हे कलोलै।।

विशद भवन माहीं रत्न दीपांकुराली
निज मधुर प्रकाशै चन्द्रमा मैं मिलाली।
बिधुकर-धवलाभा मन्दिरों की अनोखी
सरवर महँ छाया फैलि छाई सुचोखी।।

विविध चित्र बहु भांति के लगे
मणि जड़ाव चहुँ ओर जो जगे।
महल मांहि बिखरवाती विभा
मधुर गन्धमय दीप की शिखा।।

कुशराज-कुमार नींद में
सुख सोये शुचि सेज पै तहां।
बिखरे चहुँ ओर पुष्प के
सुखमा सौरभ पूर है जहां।।

मुखचन्द अमन्द सोहई
अति गंभीर सुभाव पूर है।
अधिरानहि-बीच खेलई
मुदु हाँसी सुखमा सुमूर है।।

तहँ निद्रित नैन राजहीं
नव लीला मय शील ओज हैं।
मनु इन्दहि मध्य साजहीं
युग संकोचित-से सरोज हैं।।

तहँ चारु ललाट सिंधु में
नहि चिन्ता लहरी बिराजही।
अति मन्दहि मन्द कान में
मनुवीणा ध्वनिसों सुबाजही।।

बढ़ि पञ्चम राम मैं जबै
सुविपञ्ची ध्वनि कान में पड़ी।
जगि के तहँ एक भामिनी
अध मूंदे दृग ते लख्यो खड़ी।।

पुतरी पुखराज की मनो
सुचि सांचे महँ ढारि के बनी।
उतरी कोउ देव-कामिनी
छवि मालिन्य विषादसों सनी।।

कर बीन लिए बजावती
रजनी में नहिं कोउ संग है।
बनिता वर-रूप-आगरी
सहजै ही सुकुमार अंग है।।

कल-कण्ठ-ध्वनि सु कोमला
मिलि वीणा-स्वर सों सुहात है।
कुश नीरव है लखै सुनै
जनु जादू सबही लखात है।।

"तुम वा कुल के कुमार हो

हरिचन्द्रादि जहां उदार से।
निज दुःख सह्यो तज्यो नहीं
सत राख्यो उर रत्न-हारसे।।"

"अनरण्य दिलीप आदि ने
जेहिको यत्न अनेक सों रच्यो।
रघुवंश-जहाज सो लखो
यहि साम्राज्य महाब्धि में बच्यो।।"

"अनराजकता तरंग में
फँसि के धारनि बे अधार है।
तेहि को सबही यही कहै
"कुश" याको वर-कर्णाधार है।।"

तब वंश सुकीर्ति को सबै
अनुहास्यो उदधी वहै अजै।
निज कूलन सों बढ़ै नहीं
अरु मर्य्यादहुँ को नहीं तजै।।

"जेहि कीर्ति-कलाप-गध सों
मदमाती मलयानिलौ फिरै।
हिम शैल अधित्यकान लौं
सबको चित आनन्द सों भरै।।"

"जेहि वंश-चरित्र को लिखे
कवि वाल्मीकि अजौ सुख्यात है।
तुमही ! निज तात सामुहे
शुचि गायो वह क्यों भुलात है।।"

"जेहि राम राज्य को सदा
रहिहै या जग मांहि नाम है।
तेहि के तुमहुँ सपूत है।
चित चेतो बिगरयो न काम है।।"

"तुम छाइ रहे कुशवती
अरु सोये रघुवंश की ध्वजा।
उठि जागहु सुप्रभात है
जेहि जागे सुख सोवती प्रजा।।"

नीरव नील निशीथिनी
नोखी नारि निहारि।
विपति-विदारी वीरवर
बोले बचन बिचारि।।

"देवि! नाम निज धाम,
काम कौन ? मोते कहौ।

अरु तुम येहि आराम–
मांहि आगमन किमि कियो?"

"तुम रूप-निधान कामिनी
यह जैसी विमला सुयामिनी।
रघुवंशहि जानिहो सही
परनारी पर दीठ दैं नहीं।।"

"तुम क्यों बनी अति दीन?
क्यों मुख लखात मलीन?
निज दुःख मोहिं बताउ
कछु करहुं तासु उपाउ।।"

"जब लों करवाल धारिहैं
रघुवंशी दृढ़ चित्त मान के।
कुटिला भृकुटि न देखिहैं
सुरभि, ब्राह्मण औ तियान के।।"

शोचहु न चित्त महैं शंक नाहीं
मोचहु बिषाद निज हीय चाहि।
ईश्वर सहाय लहि है सहाय
मेंटहुँ तुम्हार दुख, करि उपाय।।"

सुनि अति सुख मानी सुन्दरी मंजु बानी
गदगद सु गिराते यों कह्यो दीन-बानी।
"तुम सुमति सुधारी ईश पीरा निवारी
अब सुनहु बिचारी है, कथा जो हमारी।।"

"सुख-समृद्धि सब भांति सो मुदा
रहत पूर नर नारी ये मुदा।
अवध-राज नगरी सुसोहती
लखत जाहि अलकाहु मोहती।।"

"इक्ष्वाकु आदिक की विमल–
कीरति दिगन्त प्रकासिता।
सो भई नगरी नाग-कुल–
आधीन और विलासिता।।

नहिं सक्यौ सहि जब दुःख
तब आई अहौं लै के पता।
सो मोहिं जानहुं हे नरेन्द्र!
अवध नगर की देवता।।"

"जहँ लख्यो विपुल मतंग–
तुंग सदा झरै मदनीर को।
तहँ किमि लखै बहु बकत

व्यर्थ शृगालिनी के भीर को।।

जहँ हयन हेषा बिकट—
ध्वनि, शत्रु-हृदय कँपावती।
तहँ गिद्धनी-गन है सुछन्द
विहारि कै सुख पावती।।"

जहँ करत कोकिल कलित—
कोमल-नाद अतिहि सुहावने।
सो सुनि सकत नहिंका, काकन
के कुबोल भयावने।।

जहँ कामिनी कल-किंकिनी
धुनि सुनत श्रुति सुख पावहीं।
तहँ बिकत झिल्लीरव सुनत
सुकहत नहीं कछु आवहीं।।

"कुमुद" नाम इक नाग वंश है
समुझि ताहि यह वीर अंश है।
बिगत राम जनहीन दीन है
निज अधीन करि ताहि लीन है।।

उजरी नगरी तऊ तहां।
मणि-माणिक्य अनेक हैं परे।
तेहि को अधिकार में किये
सुख भोगै सब भांति सो भरे।।

रघु, दिलीप, अज आदि नृप,
दशरथ राम उदार।
पाल्यो जाको सदय है,
तासु करहु उद्धार।।

निज पूर्वज-गन की विमल—
कीरति हूं बचि जाय।
कुमुद्वती सम सुन्दरी,
औरहु लाभ लखाय।।

सुनि, बोले वरवीर
"डरहु न नेकहु चित्त में
धरे रहौ उर धीर,
काल्हि उबारौं अवध को।।"

भोर होत ही राजसभा में
बैठे रघुकुल-राई।
प्रजा, अमात्य आदि सबही ने
दियो अनेक बधाई।।

श्रोत्रिय गनहि बुलाई, सकल–
निज राज दान कै दीन्ह्यो।
और कटक सजि, अवध नगर
के हेतु पयानो कीन्ह्यो।।

जब अवध की सीमा लख्यो
तब खड़े है सह सैन के।
अरु कुमुद पहँ पठयो तबै
निज दूत, शुचि सुख दैन कै।।

"बिनु बूझि तुम अधिकृत कियौ
यह अवधि नगरि सुहावनी।
तेहि छोड़ि कै चलि जाहु,
नतु संगर करौ लै कै अनी।।"

वह तुरत आओ सैन लै,
रन-हेतु कुश कै सामुहे।
इतहूँ सुभट सब अस्त्र लै
तहँ रोष सों सबही जुहे।।

तहँ चले तीर, नराच, भल्ल,
सुमल्ल सबही भिरि गये।
तरवारि की बहु मारि बाढ़ी
दुहूं दल के अरि गये।।

बढ़यो क्रोध करि कुश कुमार
धनु को टंकारत।
प्रबल तेज शरजाल छाड़ि
चहुं दिशि हुंकारत।।

अम्बर-अवनिहि एक कीन्ह,
शर सों सब छायो।
अरगिन भरि-भरि नीर नैन
भागे मग पायो।।

कुश-प्रभाव लखि हीन होय के,
कुमुद आप हिय माहिं जोय के।
निज निवास महँ जायके छिप्यो
तबहि दूत कुश को तहाँ दिप्यो।।

परमा रमणी कुमुद्वती
धन-रत्नादि संग लै,
कुश को मिलि तोष दीजिये
नहिं तो सैन सज़ाव जंग लै।।

यहि मैं लखि निस्तार

कुमुद चल्यो कुश सों मिलन।
विविध रत्न उपहार
लै बहु धन निज संग में।।

आयो तहँ कर जोरि,
कुमुद कुमुद्वति संग लै।
बोल्यो बचन निहोरि,
व्याहहु याको राज लै।।

सुन्दरि के दृग-बान
लखे रोष सबही गयो।
छाड़यो शर संधान
अवध माँहि तबही गयो।।

कुल लक्ष्मी परताप
लख्यो सबै सुखमय नगर।
मिट्यो सकल सन्ताप
बैठे सिंहासन तबै।।

कुश-कुमुद्वती को परिणय
सबको मन भायो।
अवध नगर सुखसाज
महा सुखमा सो छायो।।

वन-मिलन

अरुण विभा विलसित-हिम-श्रृंग मुकुटवर छाजत।
मालिनि मन्द प्रवाह सुखद-सुदुकूल विराजत।।
तरुगन राजि कतहुँ मरकत-हारावलि लाजै।
सांचहु भूधरनृपति समान हिमालय राजै।।

तेहि कटि तट महँ कण्व–महर्षि तपोवन सोहैं।
सरल कटाक्षन ते हरिनी जहँ मुनि-मन मोहै।।
सरस रसाल, कदम्ब, तमालन की सुचि पांती।
धव, अशोक, अरु देव दारु, तरुगन बहुभांती।।

नव-मल्लिका, कुंद, मालती, बकुल अरु जाती।
चम्पक अरु मन्दार केतकी की बहु पांती।।
सुमन लिये साखा सह हिलत वायु के प्रेरित।
सौरभ सुभग बगारत जासों बन है सुरभित।।

वल्कल-वसन-विभूषित अंग सुमन की माला।
कर्णिकार को कर्नफूल विसवलय विसाला।।
कुंदकली-सों कलित केश-अवली भल राजत।
चम्पक-कलिका-हार सुरुचि गल-बीच विराजत।।

सुन्दर सहज सुभाव बदन पर मुनि-मन मोहैं।
सूधी बिमल चितौन मृगन से नैन लजोहैं।।
जेहि पवित्र मुख भाव लखे सबही सुर नारी।
निज बिलोल नव-हास विलासहिं करती वारी।।

बैठी मालिनि तीर सुभगवेतसी-कुंज में।
विलसत परिमल पूर समीरन केश-पुंज में।।
युगल मनोहर बनबाला अति सुन्दर सोहैं।
"प्रियम्बदा-अनुसूया!" जाके नाम मिठोहैं।।

"री अनुसूया! देखु सामुहे चम्पक-लतिका।
भरी सुरुचि सुकुमार अंग-अंगन मों कलिका।।
मन-ही-मन कुम्हिलात खिलत बेहाल विचारी।
'प्रियम्बदा' दृग भरि बोली उसास लै भारी।।

"कोमल-किसलय माहिं कली धारति अलबेली।

कुंदन-सों रंग जासु गढ़न मन हरन नवेली।।
अपर कुसुम-कलिका सों करत फिरे रंगरेली।
याहि न पूछत कोउ मधुकर सब ही अवहेली।।"

"यामें मधुर मरन्द, पराग, सुगन्ध सबै है।
सुन्दर रूप, सुरंग, जाहि-लखि और लजै है।।
पै रूखे परिमल पै सबही नाक चढ़ावत।
जैसे सूधो भाव न सब को हिय ललचावत।।

"मातो मधकर है मधु-अंध, विवेक न राखै।
मुरि मुसुक्यान मनोहर कलियन को अभिलाखै।।
सूधी चम्पक-लता नहीं जानत रस केली।
यहि विचार कोउ मधुकर नहिं अंकहि निज मेली।।"

"इनको कुटिल स्वभाव कोऊ इनको का दोखै।
स्वारथ रत परपीर नहीं जानत किमि तोखै।।
पाई समीपहिं जाही सो वाही सों पागैं।
ये तो परम विलासी, नहिं जानत अनुरागैं।।"

"बोली 'अनुसूया' यों–अनखि-तोहिं का सूझी।
जा बिनही बातन पर, बातन माहिं अरूझी।।
तुम बनबासी कोउ दूजो–नहिं सुनिबे वारो।
बन में नाच्यो मोर कहो किन आइ निहारो?"

"बहु लतिका तरु वीरूध, जे मम बाल सनेही।
तिनको सिञ्चन करहु, अहै तुव कारज एही।।
यह अशोक को पादप जामे किसलय कोमल।
औरहु परम रसाल लखहु करुना कदम्ब भल।।"

"अहै माधवी लता मृदुल-कलिका-नव धारति।
'शकुन्तला' के विरह-अश्रु की बूंद पसारति।।
निज मृणाल-सी बाहनि सों भरि गागरि आनी।
जाको सांझ-सबेरे सींचति दै-दै पानी।।"

"ये सब सींचन हेतु अबहिं-बातें तुम करतीं।
कुसुम चूनिबो और अहै, क्यों बरसत अरतीं।।
शकुन्तला को नाम सुने दूजी यों बोली–

क्यों हक नाहक दबी आग यों कहि पुनि खोली।।

पाइ राज-सुख सखियन को निज हाय! बिसारी।
बहुत दिवस बीते, निज-खबर न दीन्हीं प्यारी।।
अहो गौतमी हू कछु कहत न रजधानी की।
मम बन-बासिनि सखी जु शकुन्तला-रानी की।।"

"नगर नागरी महरानिन के सैन अनोखे।

वह सूधी बन-बाला पिय को कैसे तोखे।।
जाने दे, बिन काज कहा बैठी बतरावत।
पाइ पिया को प्रेम सखिहिं किन पूछन आवत!

अबहिं शुकहिं आहार देइबो हैं हम वारी।
बहुत अबेर भई सु कुटीरहिं चलिये प्यारी।।"
तब कश्यप को शिष्य तहां गालव चलि आयो।
"कण्व कहां है?" पूछ्यो तिनसों अति हरषायो।।

"अग्निहोत्र-शाला में"–कहि दोनों बन-बाला।
कुसुम-पात्र लीन्हों उठाइ मालति की माला।।
लजत मराली गमन लखे, वे दोनों आली।
वल्कल-वसन समेटि चली लै कुसुल उताली।।

कोकिल सों निज स्वर मिलाइ बहु बोलत बोली।
निज आश्रम पै पहुँचीं वे सब करत ठिठोली।।
कुसुम-पात्र धरि गुरु-समीप निज सिरहि झुकाई।
वन्दन कर बैठीं वे, मनकी मनहिं दुराई।।

बोल्यो गालव करि प्रणाम ऋषिवर को कर सों–
"लै संदेस हम आये हैं अपने गुरुवर सों।।
महाराज दुष्यन्त सहित निजसुत प्रियवर के।।
शकुन्तला-संग मिले, शाप छूट्यो मुनिवर के।।

"बहु व्रत धारि अनेक कष्ट सहि पुनि सुख पायो।
सुखद पुत्र मुख चन्द्र देखि अति हिय हरषायो।।
दलित कुसुम अपमानित-हिय, बाला बेचारी।
श.।कुन्तला निज पति-सुख पायो पुनि सुकुमारी।।

गद्गद कण्ठ, सिथिल-बानी पति ही सुखसानी।
बोले कण्व-महर्षि अनूपम, अविकल ज्ञानी।
"सबही दिन नहिं रहत दुःख संसार मँझारी।
कहुं दिन की है जोति कहूँ है चन्द्र उजारी।।"

प्रियम्बदा अनुसूया हूँ अति ही हिय हरषा।
आनन्दित है सुखद अश्रु निज आँखिन बरषी।।
पायो जब संवाद मनोहर निज अभिलाषित।
भयो प्रफुल्लित तबहिं वहै, तप-वन चिर-तापित।।

"हेमकूट ते उतरि मरीची के आश्रम सों।
आवत हैं दुष्यन्त-सहित निजी श्री अनुपम सों।"
मातलि आय कह्यो ज्यों ही, सब ही तेहिय हुलसे।
तहं आनन्दमय ध्वनि उठी तबहीं ऋषिकुल से।

शकुन्तला दुष्यन्त, बीच में भरत सुहावत।
धर्म, शांति, आनन्द, मनहुं साथिहिं चलि आवत।।

देखत ही अकुलाय उठीं, तुरतहिं बन-बाला।
प्रियम्बदा, अनुसूया, बिकसी ज्यों मृदु माला।।

भाट सखी-गन सों, तबहीं वह रोवन लागी।
हर्ष-विषाद असीम, आनन्दित है पुनि पागी।
शकुन्तला निज बाल-सखी गल सों कहुँ लागै।
बढ़यो अधिक आवेग माहिं, नहिं गल भुज त्यागै।।

करुण, प्रेम प्रवाह बढ़यो, वा शुद्ध तपोवन।
बरसन लग्यो मनोहर मंजुल मुंद आनंद-घन।।
श्रद्धा, भक्ति, सरलता, सब ही जुरी एक छन।
चित्र-लिखे -से चुप है देखत खड़े एक मन।।

कछुक बेर पर कण्व-चरण पर निज सिर नाई।
करि प्रणाम कर जोरि, खड़े भै बिधुकुल-राई।।
कुशल पूछ पुनि कण्व, दियो आशीष अनुपम।
भरतहुँ पुनि कीन्ह्यो प्रणाम, लहि मोद महातम।।

शकुन्तला सों पालित तब, वह मृग तहं आयो।
सिर हिलाई अरु चरण-चूमि आनन्द जनायो।।
माधवि लता मनोहर की निज करते मरस्यो।।
वह तप-वन तब अधिक-मनोरम है सुचि दरस्यो।।

यज्ञ-भूमि को करि प्रणाम, आनन्द समैठे।
पूर्व मिलन के कुञ्ज मांहि, कछु छन सब बैठे।।
शकुन्तला, दुष्यन्त, भरत, मालिनी के तीरन।
बन-बासिनि वाला-युग के संग लागी बिहरन।।

प्रियम्बदा मुख चूमि भरत को लेत अंक में।
शकुन्तला अनुसूया संग बिहरत निशंक में।।
निजी बीते दिवसन की सुमधुर कथा सुनावत।
चुप है के दुष्यन्त सुनत, अति ही सुख पावत।

सरल-स्वभाव बन-बासिनि, वे सब बरबाला।
कथानुकूल सुधारत भाव–अनेक रसाला।।
पति सों बिछुरन-मिलन समय की कहि बहु बातें।
चिर दुखिया आनन्दित है सब मोद मनाते।।

प्रियम्बदा तब दुष्यन्तहिं दीन्हों उराहनो।
अहो परम धार्मिक, तेरी है बहु सराहनो।।
शकुन्तला को शाप हेतु विस्मृत तुम कीन्हों।
याही वन हम रहीं, खोज हमरी हू लीन्हों?

"अहो होत है अधिक निठुर –नर सब, नारी सों।
जों लौं मुख सामुहे अहैं तौ लौ प्यारी सों।
नहिं तो कौन कहां, को, कैसो, कासों नाते।

बहु दिन पै जो मिलै–तबौ पूछी नहिं बाते।।"

अनुसूया हंसि बोली–ये तो अति सूधे हैं।
इनकौ यहै स्वभाव कहा यामे तू पैहैं।।
शकुन्तला मुसक्याई कह्यो–"जाने दे सखियो।।
इनके सब बातन को अपने हिय में रखियो।।

अब यह मेरी एक विनय धरि ध्यान सुनै तू।
इनके विमल, चरित्रन को नहिं नेक गुनै तू।।
जामें फिर निहं बिछुरैं, सब यह ही मति ठानो।
सदन हमारे संग चलो अति ही सुख माने।।"

यज्ञ-प्रज्ज्वलित बन्हि, लखे सब ही प्रणाम किय।
कण्व-महर्षि आनन्दित को अभिवन्दन हूं किय।।
शकुन्तला कर जोरि पिता सों हिय सकुचाती।
कह्यो-"विनय करिबो-कुछ है पै नहिं कहि आती।।"

बोले कण्व –"कहो, जो कछु तुमको कहनो है।"
शकुन्तला ने कह्यो–"सखी-संग मोहिं रहनो है।।
इन सखियन के बिना अहो हम अति दुख पायो।"
कण्व "अस्तु" कहि सबको अति आनन्द बढ़ायो।।

कञ्चन कंकन किंकिनि को कलनाद सुनावत।
नन्दन-कानन-कुसुमदाम सौरभ सौ छावत।।
निज अमन्द सुचिचन्द–बदन सोभा दिखरावत।
जगमगात जाहिरहि जवाहिर को चमकावत।।

निज अनूप अति ओपदार आभा दिखरावत।
चञ्चल चीनांशुक अञ्चल को चलत उड़ावत।।
केश कदम्बन कलित कुसुम-कलिका बिखरावत।
मञ्ज मेनका को देख्यो सब उतरत आवत।।

यथा उचित अभिवंदन सब ही कियो परस्पर।
शकुन्तला माता सों लपटी अतिहि प्रेम भर।।
भरत-चन्द्रमुख चूमि भइ वह हिय सों हरषित।
प्रियम्बदा-अनुसूया सिरा कीन्हों कर परसित।।

कण्व दियो आसीन जाहु सब सुख सों रहियो।
जीवन के सब लाभ प्रेम परिपूरित लहियो।।
चिर बिछुरे सब मिले हिये आनन्द बढ़ावन।
मालिनी-तरल-तरंग लगी मंगल को गावन।।

प्रेम-राज्य (पूर्वार्द्ध)

बाल विभाकर सोहत, अरुण किरण अवली सों।
कृष्णा क्रीड़त निजनव, तरलित जल लहरीसों।।
मलयजधीर पवन-बन–उपवन महँ सञ्चरहीं।
कोकिल कुल कलनाद करत अति मधुर विहरहीं।।

टालीकोट सुयुद्धभूमि में प्रवलदुहूं दल।
सूर्यकेतु महाराज, विजयनगरेश महाबल।।
प्रतिपक्षी बहु यवन राज, मिलि सैन सजायो।
बीरकर्म अरु कादरता, को दृश्य दिखायो।।

सिंहद्वार पर खड़े नरेश लखैं सेना को।
बांधवराजे यूथप सँगघेरैं बहुनाको।।
सेनापति सह सैन्य, युद्धभूमिहि चल दीन्हो।
पांच वर्ष को बालक इक आगमन सुकीन्हो।।

चन्द्रोज्ज्वल मुख मधुर, विमल हाँसी को धारत।
सहज सलोने अंग, मनोहर ताहि सँवारत।।
तब नरेश निज सुतके मुख सुख में अति पागे।
हिये लाइ आनन्द सहित, मुख चूमन लागे।।

कह्यो "प्रिया को विरह, तुमहिलखि सबहि बिसारी।
किन्तु वत्स यह वीरकर्म्म, कुलप्रथा हमारी।।
सो अब तुमहि त्राण की आशा हिय महुँ धारौ।
काहि समर्पहूं तुमहिं चित्त नहिं कुछ निरधारौ।।"

आयो तहं इक भील–युथपति दुहुँ करजोरे।
चरनन पै सिरनाइ, कह्यो अति वचन निहोरे–
"महाराज ! यह राजकुंवर हमको दै देहू।
राखैंगे प्रानन प्यारे को सहित स्नेहू।।

अनुज एक सह भील, सैन्य आज्ञा पालन को।
आपहिं की सेवा में है सेना चालन को।।
हिम गिरि कटि महँ, इनको लै हमहुँ चलि जैहैं।
शत्रु न कोऊ इनको, खोजनते कहुँ पैहैं।।

जब हम सुनिहैं विजय आपकी तो पुनि ऐहैं।

कीन्हैं लेक बिलम्ब न यामें कछु फल है हैं।।
"अस्तु" कह्यो पुनि शिरहि सूंघि आलिंगन कीन्हों।।
बालक को मुख चूमि, तुरत भीलहि दै दीन्हों।।

"दादा" कहि अकुलाइ उठ्यो तबहिं वह बालक।
नैनन मों भरि नीर कह्यो नरगन के पालक।।
"दादा" ये ही हैं तुम्हरे, इन्हीं को कहियो।
मेरे जीवन प्रान, सदा ही सुखसे रहियो।"

यों कहि के मुख फेरि, अश्व पै निज चढ़ि लीन्हों।
खींचि म्यान ते खड्ग युद्ध सन्मुख चलि दीन्हों।।
आवतही नरनाह, देखि सब छत्री सेना।
अति उमगित भइ अंग आनन्द अटैना।।

वीर वृद्ध महाराज, बदन पर हाँसी रेखा।
सब को हिय उत्साहित कीन्हों सब ही देखा।
जयतु जयतु महाराज, कह्यो तब सबही फौजैं।
जलधि बीर रस में, ज्यों उमड़ि उठी बहु मौजैं।।

फरकि उठे भुजदण्ड, वीर रससों उमगाहे।
चमकि उठीं तरवार, वर्म्म अरु चर्म सनाहें।।
सैना करि द्वै भाग, एक सैनप को सौंप्यो।
अरु एकहि लै आप, अकेले रनको रोप्यो।।

तब हर हर कहि कीन्हो धावा शत्रुन ऊपर।
गरुड़ करत जिमि धावा, पन्नग प्रबल चमू पर।।
भिड़े वीर दुहुँ ओर चली, कारी तलवारैं।
एक वीर सिर हेतु, अप्सरा तन मन वारैं।।

दाबि लियो क्षत्रीन, यवन के सब सेना को।
भागन को नहिं राह, घेरि लीन्हों सब नाको।।
विकल कियो तरवार मारसों व्यथित भये सब।
भागे यवन अनेक, लखै जहँही अवसर जब।।

है रणमत्त परे तबही सब पीछे छत्री।।
तुरतहिं मारै ताहि, जबहि देखैं कोउ अत्री।।
करि कादरता कछुक, यवन जे रन सों भागे।
तेऊ मिलि तब लीन्हो, घेरि बीर-पथ त्यागे।।

उन क्षत्रिन संग महाराज, तिनमहं घिरि गयऊ।
सेनापति तहं तिनहि, छुड़ावन को नहिं अयऊ।।
अहो! लोभ बस करत, काज कैसे नर नारी।।
करत आत्म-मर्यादा, धर्म्म सबहि को वारी।।

राखत कछुक विचार नहीं यह पुन्य पाप सों।
निज तृष्णा को सींचत, नर नित आस"भाप" सों।।

नित्य करत जो पालन, तासों करत महाछल।
बहु विधि करत उपाय, बढ़ावन को अपनो बल।।

चाहत जासों जौन, करावत है यह तासों।
याको काउ जीतत नहिं हारे सब यासों।।
करिके बीर कर्म्म अरु लरिके निज अरगिन सों।
राखि स्वधर्म महान, टर्यो नहिं अपने पन सों।।

मारि म्लेच्छतम करि, अनूप बहु बीर काम को।
सूर्यकेतू तब गये, सुखद निज अस्तधाम को।।
विश्वम्भर के शांत अंक महं आश्रय लीन्हों।
आशुतोष तब आशु-शान्ति अभिनव तेहि दीन्हों।।

"भारतभूमि धन्य तुम, अनुपम खान।
भये जहां बहु रतन, अतुल महान।।
भये नृपति जहं इक्ष्वाकु बलवान।
जहां प्रियव्रत जनमे, विदित जहान।।

भये नृपति सिरमौर जाह दुष्यंत।
जन्म लियो जहं भरत सुकीर्ति अनन्त।।
जम्बूद्वीपहिं बांट्यो करि नवखण्ड।
निज नामते बसायो, भारतखण्ड।।

जिनके रथ सहसारथि, नभलौं जाहिं।
जिनके भुजबल-सागर को नहिं थाहि।।
जिनके शरण लहे, निर्विघ्न सुरेश।
अमरावती विराजहिं, चारु हमेश।।

जिनके प्रत्यञ्चा की, सुनि टनकार।
अरिशिर मुकुटमणिन को सहै न भार।।
भये भीष्म रणभीष्म, हरण अरिदर्प।
जामदग्निते रच्यो समर करि दर्प।।

जिनकी देव प्रतिज्ञा की सुख्याति।
गाइगाइ नहिं वाणी अजहुं अघाति।।
विजय भये जिन भये पराजय नाहिं।
जिनके भुजबल ते, प्रसन्न है चाहि।।

दियो पाशुपत व्योमकेश त्रिपुरारि।
कियो दिग्विजय डारयो शत्रुन मारि।।
जिनके क्रोध अनल महँ, स्तुवा नराच।
आहुति अक्षौहिणी, भई सुनु सांच।।

वसुन्धरे तव रक्त–पिपासा धन्य।
मरी जहां चतुरंगिनि सैन अगन्य।।"

करि कुकर्म्म यह जब वह, क्षत्री-कुल-कलंक-अति।
सेनापति यवन के, सैनप पहं निशंक मति।।
गयो लेन निज पुरस्कार, तब सब उठि धाये।
मातृ-भूमि-द्रोही कहि, अति उपहास बनाये॥

तब अति क्षुब्ध चित्त, गृहको वह लौटन लाग्यो।
देख्यो गृह के द्वार, एक बाला मन पाग्यो॥
गृह में देख्यो नाहिं कोउ अति कुण्ठित भो हिय।
ललिता को लीन्ह्यो उठाइ, अरु मुख चुम्बन किय॥

रोइ कहन लागी बाला, तब अति दुख सानी।
"छाड़ि मोंहि जननी हू, गई कहाँ नहिं जानी॥"
पुनि लखि बाला कर मह, पत्र एक अति आकुल।
लीन्हों ताहि पढ़न को, तब वह सैनप व्याकुल॥

पढ्यो ताहि "नहि अहौ-अहौ तुम पती हमारे।
तुम्हरे सन्मुख महाराज, किमि स्वर्ग सिधारे॥
तुम आशा भय बाला को, लीन्हे हिय पोखौ।
तुमहि क्षमा हित स्वर्ग-मॉहि महराजहिं तोखौ॥"

वह निराश निज हृदय, लिये तबही कुलघालक।
कीन्हों उत्तर गमन, तबै सेना को पालक॥
कृष्ण की नव तरल बीचि, अति कृष्णा लागै।
अरु वह मलयजपवन नाहि बहि हिय अनुरागै॥

....
....

Lector House believes that a society develops through a two-fold approach of continuous learning and adaptation, which is derived from the study of classic literary works spread across the historic timeline of literature records. Therefore, we aim at reviving, repairing and redeveloping all those inaccessible or damaged but historically as well as culturally important literature across subjects so that the future generations may have an opportunity to study and learn from past works to embark upon a journey of creating a better future.

This book is a result of an effort made by Lector House towards making a contribution to the preservation and repair of original ancient works which might hold historical significance to the approach of continuous learning across subjects.

HAPPY READING & LEARNING!

LECTOR HOUSE LLP
E-MAIL: lectorpublishing@gmail.com

www.ingramcontent.com/pod-product-compliance
Lightning Source LLC
LaVergne TN
LVHW091149180726
843490LV00004B/1392